# BARCO DE PAPEL

# BARCO DE PAPEL

AGUSTÍN CEREZO

Valparaíso
EDICIONES

Número 514 de la Colección VALPARAÍSO DE POESÍA
dirigida por FEDERICO DÍAZ-GRANADOS

Diseño de colección y portada: Chari Nogales
Maquetación: Carlos Henson

Primera edición: noviembre de 2025

© De los poemas: Agustín Cerezo
© Imagen de portada: Hugo Nazareth Cedeño Martínez

© Valparaíso Ediciones
   C/ Fray Leopoldo, 7 bajo, 18014 Granada
   www.valparaisoediciones.es

ISBN: 979-13-87538-86-6
Depósito Legal: GR 1569-2025

Impreso en España - *Printed in Spain*
Gráficas Gami

*El papel utilizado para la impresión de este libro está calificado como papel ecológico*
*y procede de bosques gestionados de manera sostenible*

# BARCO DE PAPEL

# PRÓLOGO

En *Barco de papel*, Agustín Cerezo (1993, Puebla) construye un yo lírico que explora los sentimientos del amor, la soledad, la autocrítica y el aprendizaje de su voz por la poesía.

Iniciando a navegar por este mar de letras nos encontramos con instrucciones para leer específicamente la poesía de un Cerezo, detallando la cautela con la que el lector debe acercarse a este poemario que lo hará internarse en el agua del mundo del autor, ese autor que utiliza su canto cual sirena para atraparnos desde el primer verso.

Canto que se divide en cuatro partes, la *lírica de un cerezo* como el inicio de la escritura y acercamiento al lector, un *barco de papel* que navega entre lo desconocido, una exploración a la identificación de un estilo poético lleno de imágenes que mezclan el mar, los mitos y la fantasía de los cuentos de la infancia en una sociedad que nos arroja a la realidad cotidiana.

Un *Dejá vu*, el amor como una exteriorización humana, en la que el joven hombre intenta escapar de la inevitable soledad que nos da el movimiento de las relaciones humanas.

Un *holograma* donde se vive una interiorización de su paso por el mundo, la reflexión de la vida vista con los ojos de quien observa cada minuto de la cotidianidad desde el filtro de la belleza.

Agustín Cerezo es un poeta que se mueve entre la experimentación versal, rítmica y visual donde nos encontramos con una voz reconocida en varios ámbitos del arte, la soltura y apropiación del personaje lírico del teatro, los poemas cortos como un flash de fotografía, las imágenes detalladas en cada estrofa cual pintura y las jitanjáforas como un guiño de la creación de un escenario nuevo en el lenguaje.

Compartir espacio y tiempo con un poeta como él es un espectáculo que promete en esta y futuras recolecciones de poemas, es una ventana que nos muestra un mundo irreconocible para los incrédulos del asombro, es navegar entre aguas que creímos conocer pero que de pronto se tornan en un color distinto, un azul que se transforma irremediablemente en un rojo y fascinante Cerezo.

FERNANDA TLALOLIN

# LÍRICA DE UN CEREZO

# INSTRUCCIONES PARA LEER UN CEREZO

Un Cerezo
difícilmente se lee de prisa
sin tomar aire.
Como a un lobo
te le acercas lento,
aguantas la respiración,
esperas,
y en la quietud del silencio
estiras los dedos,
desenrollando cada palabra,

confían
se acercan
se inhalan
se huelen.

# BARCO DE PAPEL

# BARCO DE PAPEL

Nuestro navegar ha sido como en un barco
que corre por los ríos que quedan en la ciudad cuando llueve.
Comenzó con una hoja en blanco,
poco a poco empezamos a darle
los primeros dobleces entre miedos
y sin darnos cuenta
ya estábamos navegando por aquella avenida
en un barco de papel.
Entre roses y besos compartimos nuestras manos
para no caer en aquellos baches de la ciudad, que
aunque íbamos lento,
no dejaba de moverse el piso.
Sí,
a lo mejor lo de nosotros es ir lento,
como el barco de papel que soltamos de niños,
cuidando nuestros pasos acompañándonos
hasta donde llegue.
A lo mejor lo nuestro, es agarrarnos tan fuerte
que cuando el navegar pare
lleguemos a tierra firme y sigamos de la mano,
a lo mejor lo nuestro, es extrañarnos un día,
y gritarlo quedito para no espantar mariposas.
Sólo hasta que ese barco se hunda,
dejaré de gritar quedito un
                    «te extrañé»
                            cuando te vea,
y si algún día tus mariposas me escuchan,
que no tengan miedo de volar.

# BUCANERO

Me encuentro en el horizonte
sin ninguna tropa que pueda ayudarme.

Navegando.
        Perdido.

Como estas ganas de conquistar otra tierra
y este vacío
que ni el tesoro más grande lo puede llenar.
Perdí una pierna en un impulso profano
de pelear contra algo más grande
pensando que ganaría.
De un muñón
ahora cuelga de un gancho
la luna que me arropa
en este camino a la muerte.
Quisiera pescarte
para sentirme abrazado
mientras tu voz me arrulla
hasta la profundidad de estos mares.
Quisiera tu mirada
como la última vez que me salvaste de la muerte
aunque el costo fueran mis tropas
llevadas por tus sirenas.
Cae la noche
y te lanzo este pergamino roto
añorando que se hunda a tus brazos
y vengas, pero no me salves.

Encuéntrame aquí tirado
y tomemos nuestro ron en ánforas de búfalo
encuéntrame aquí tirado
y bebe lento la última gota de mi sangre
encuéntrame aquí tirado
y dormiré con tu voz, una eternidad.

# SCHEHEREZADA

Prediciendo el futuro
nos metimos en una bola de cristal
al vernos por primera vez
mientras la noche caía.
Como en cuento,
llegó mensajera su carta y
aparecimos dentro de una botella.
Scheherezada
vestida de negro y con su mirada cómplice,
me demostró que los reencuentros existen
mientras nos mirábamos.
*Me arrancaste las palabras*, pensé,
mientras envejecía el sol y
eran jóvenes los recuerdos.

# CAMINANTE

Está oscuro,
apenas recuerdo las olas
que me cimbraron en este cráter.
Desenfocados puntos en el cielo
tiritan a la par en que
apenas puedo ponerme de pie.
Me froto la cara
con pinceladas impresionistas
para desempañar

> el
> gris
> paisaje,
> que
> no
> > reconozco.

Busco en mis bolsillos desesperado,
¡Aquí está el mapa!
No, no, no,
se desintegra entre mis dedos.
A rodillas termino de escalar
y me encuentro cerca de aventarme
un c
> l
> > a
> > > v
> > > > a
> > > > > d
> > > > > > o  a la tierra

colgado
de un hilo,
en la luna.

# BRINDIS

¿Quién habrá sido capaz de embotellar la Luna?
¿La habrán exprimido las estrellas para hacer un buen vino?
¿Ellas la habrán lanzado al mar?
¡Brindemos con la misma botella!
Quiero saber de qué cráter cosecharon el vino.

Cayó el invierno y junto con el
las nubes se creyeron hojas.

# DÉJÀ VU

# ANHELO DE TI

Desde los cuernos de la Luna
te esperaré aquí
para cuando regreses,
aquí, juntos de un abrazo sin hablar
gritaré mis besos hasta borrar tus labios
y quedarme mudo, corazón.
Te esperaré para cuando estemos cerca y
hablemos otro idioma con nuestras miradas,
te esperaré hasta el día que me guíen las curvas
de tu sonrisa a la magia,
y que encuentres en mí
eso que todos tienen
pero pocos queremos.
Quiero ser tu hasta luego de nuestra partida,
quiero ser tu amanecer,
ser tus mensajes favoritos y
que sigas siendo el brillo de mi mirada
cuando te recuerdo.
Has sido poesía en mis palabras,
caminemos juntos de las manos,
abrázame cuando menos espere,
quisiera ser la servilleta
del último café al que fuimos
y me escribas con tus labios, mi amor.

# «ENTRE COMILLAS»

A fuego lento las despedidas *duelen menos*
la sombra de las caricias *dura más*
el rastro de nuestras pláticas *viene lento*
la luz de un «te extraño» se funde.

Quizá debí decirte «menos» te quiero
o estar a la «moda» con el corazón
«entre comillas» no quise rogar tu amor
y «entre palabras», fui engañado.

# FOGATA

Velaré con una fogata
el sol de medianoche
mientras cae por montañas.
Tomaré un café
mientras poco a poco
las luciérnagas adornan
como siguiendo
una partitura en el cielo.
Seré testigo del desamor
mientras arde esta fogata
que a fuego lento tarda en hervir
y con el frío de tu instante se puede apagar.
Olvidaré la sombra
de mis audios hace seis días,
el fuego lento de uno olvidado,
el último aliento que arde
y llega a la Luna

que se apaga,

y se ahoga.

# INTERVIÚ

¿Qué se siente al dedicar un poema?
Con la mirada al piso
me detuve a pensar un rato,
y
respondí:
Algunas ocasiones,
mal, porque no es un poema de amor.
¿Y en otras?
Peor,
porque, aunque sea de amor,
no es correspondido.

# CASI ALGO

Quisiera ser ese *casi algo*
que te rompe
que te ilusiona
que te olvida
que dice que te extraña
para que vuelvas a caer
en ese infinito

Pero no.
Te tocó ser ese, *casi algo,*
que me rompió, *casi todo.*

# MONOCROMÁTICO

Pensé que sería diferente,
el que estuviéramos a distancia
me hizo figurar que nuestros tonos quedarían
sin borrarnos tanto.
Creí que está fusión
podría ser un pantone para cambiar de tinte,
tinte que a distancia se ve brumoso
mientras sostengo el godete
con una mezcla sin color.
Imaginé que pintándonos
significaría no volver a empezar,
y sigo aquí, monocromático en gris,
sin el rosa de tus manos.

# TE ESTOY LLAMANDO

*A partir del poema «Te estoy llamando» de Idea Vilariño*

Entre las grietas del desierto
con el eco del viento
amor
te estoy llamando.
Deshidratado de caricias
con noches solitarias
como a los coyotes
como a alacranes
como a la muerte,
amor
te estoy llamando.
Con mi cuerpo quebrado,
con la piel seca
cayendo a pedazos,
te estoy llamando,
amor,
para que me recuerdes
tu oración de cada noche
*no pedí que me quisieras.*
Amor,
te estoy llamando
para decirte
que me sumé a tu religión
esperando que nos escuche el cielo
y que encuentres a alguien,
amor,

diferente a mí
que no te quiera.
Te estoy llamando,
amor,
para liberar tu juicio de culpa
de los
no
queridos
sentimientos.
Amor
    te
       estoy
           llamand…

# EL MISMO ASIENTO

Recibí una notificación,
y sin saber quién eras,
acepté.
Tomamos un café
nos conocimos
me ahogue en tus conversaciones.

Pasó el tiempo,
la confianza flotaba sin salvavidas,
Pasó el tiempo.

Ojalá me hubiera salvado esa cuchara
que sumergiste para remojar tu galleta.
Aun así,
estuvimos
en el mismo asiento,
yo por trabajo, tu por diversión.
Amigos en común,
nos llaman las redes,
y como a un papalote,
nos amarraste de un hilo.
No hace falta tener una veleta
para saber que el viento,
desde un mismo punto,
va
     en
        la misma
           dirección.

Hoy,
me largo,
porque no pienso

c
o
l
g
a
r

del mismo asiento.

# EVOCACIÓN

A veces recuerdo que te conocí
pero no te recuerdo con el mismo
cariño ni admiración.

Un día cualquiera
te puse bajo la alfombra
y cuando el viento ruge

ahí estás
recordándome barrer
donde ya no te extraño.

## RESET(A)-MOR

En una taza de té,
vierte un poco de agua
hasta llenarla a la mitad,
luego agrega
:

1 sobre de entintado corazón de jamaica
2 cucharaditas de abrazos, sabor miel
1 pizca de besos, con textura acolchonada
2 gramos de sueños por cumplir
¼ de mejores canciones
y bebe lento
con los ojos cerrados.

# ¿QUÉ ERAN LAS COSAS CORRECTAS?

Mientras corríamos
no veía la preocupación
de la familia Flores
que marchitaba
cuidándonos de abejas.
*¿Qué eran las cosas correctas?*
Hacer caminos en la tierra,
volar papalotes,
sumergir sonrisas.
Terminando la tarea
estaba listo
para que en la jardinera
las señoras Girasol
nos vieran toda la tarde
jugando en el parque.
Sol
    nocturno
        anunciaba
               la
       hora
   del
té.

Muñecas platicaban con los abuelos,
y los dulces, derritiendo en la almohada,
hostigaban sueños de princesas.
Las cosas correctas, pienso,
eran huir de la tecnología

para no    c
           a
           e
           r    en un    4
                                  0
                                  4

**Ə Ř Я□Ř.**

# QUEDITO

Te extraño quedito,
así,
suavecito y en voz baja.

No en silencio, quedito
como un murmullo del viento
con voz de hormiga,
así,
en secreto.

# JARDÍN

El jardín soy yo,
cuando rosas con tu lengua mi labio inferior,
me tomas del pecho, me acaricias.
El jardín soy yo,
cuando el viento hace de las suyas
y rompe nuestro verano.
El jardín soy yo,
cuando en otoño bailas descalza
entre mis hojas.
El jardín soy yo,
cuando con tristeza riegas mi cara
y no se ve el azul del cielo.
El jardín soy yo,
cuando tus raíces se deslizan áridas
entre mis piernas.
El jardín soy yo,
cuando nace un diente de león
entre tu tierra y mis semillas.

# «PORQUE CAÍ, COMO UNA PIEDRA EN EL AGUA»

*A partir de un poema de Jaime Sabines*

*Porque caí, como una piedra en el agua,*
me atascaré en la arena de las decepciones, al tocar fondo.
Haré patitos, rozando con mis ondas tus pies.
Bucearé entre las algas de tu abandono, aunque me enrede y ahogue.
Agrietaré el piso, brotando una flor.
Desapareceré en la oscuridad.
Llegaré al reino de los sapos, en el pantano.
Escurriendo me levantaré en la fuente de la eternidad.
Encontraré sus deseos al fondo del pozo.
*Porque caí, como una piedra en el agua,*
inmóvil me quedaré, una eternidad.

# MOMENTOS

Supe que regalarte flores
era sólo decoración
porque
para tu amor
quiero momentos
que no se marchiten.

# POS(T)-MORTEM

Me dolerá que me lleves flores
cuando te des cuenta
que nuestro amor
fue perpetuo
en un cuadro.

# CANDUMBRIA*

Lasel llande candumbria
livia lin cumbé
pertumba lan sulfuria
alain porfe renue
Tinturia forve candai
bistondre xo muruay
califia quo velón
xoncondre konfilia soñó
Sentimpa lofre reñen
yape hua pertei
Ágata Zoncumba boxo
y mi amor no escuchó.

*Ejercicio de jitanjáfora

# BODEGÓN

Con la punta del mantel corrido
deslizarme quiero hasta llegar a tu boquilla,
empañar las curvas de tu cristal,
quitar tu etiqueta
y con tu vino hidratar mis labios.
Permíteme levitar una copa,
hacer un remolino al viento,
beber cada letra de tus
l
     u
        n

                 a         s
               r
                  e

Que nos sirvan los brazos de la vid,
sacudiendo las uvas en la mesa.
Embriaguemos las moscas
destilando nuestros cuerpos
hasta partir la sandía
o romper tus platos finos.
Hagamos que las libélulas
nos suban al edén
rueden melocotones
y le lluevan migajas al gato.

# JAQUE MATE

Sin quedarnos de otra
pusimos el tablero a la distancia
un juego de los lunes
pasó a cada enero
Mirándonos
salían del cajón las piezas
entre tus manos
En cada cuadro
te ponía
el peón
la torre
un alfil
el Rey
Quedando los caballos
para empezar a montar
Siguiendo la L de tu nombre
comencé el juego
Con movimientos
nos devoramos las piezas
me comiste el alfil
que iba en diagonal a tus muslos
Jaque Mate
balbuceaste
y escurriendo
entregué al Rey

# MOTEL-82

Me sentaré de nuevo
en la fría sombra de la ventana sin vidrio,
mirando las eléctricas estrellas,
para escribirte
sin dirección, ni código postal,
pero con destino.
Recordaré mi cuerpo
enredado al tuyo,
entre tus 8 brazos
que me ahorcaron de placer.
DisTOrci°NADos
nos fui encontrando
en el espejo
más de 2,
por el costo de estrellar
nuestras pasiones
en cualquier Motel sin cuidado,
con una cama sedienta
de nuestros cuerpos
en su boca.
Sedúceme
con tus ventosos
besos.

Despiértame el placer
        de chopear tus labios
en mi obligo víctima del orgasmo
        y ahógame
            en tu boca.

# GÉNESIS

Rezaré tus pechos,
golondrina
con el primer misterio
de las cuentas de tu rosario
con mi amor badajo
campanario
que repique
y te cante.
Que sean mis manos
de tus muslos
llaves
Y tu rosa
de mis dedos

                  con-
                    fe-
                    sionario

Por el vitral
      e
        s
          c
            u
              rren caracoles

y se deja ver la lengua de un canario
posando en la fronda de tu planta.
Que yo te lave con mi lengua
tus segundos latidos imparables
quitando los gusanos retorcidos

50

por tu sudor
Conságrame
                                  por Dios
eso pido.
Que con diezmo
                         adoraré tu templo
y te juro
con las manos al fuego
que volveré
cada vez que cumplas
                           el milagro.

Escríbeme los besos que con tinta
no se explican.

# CABALLITA

El viento surfeó
las olas de tu cabello
mientras trotabas.
Mitad humanos
te abracé desnuda,
entre corales
burbujeamos el placer.
Tu columna espiral
comprometió mis dedos,
tu respiración
erizó mis escamas,
de tu boca
brotó una perla.
Destellos de amanecer
lustraron nuestro cuerpo
y seguiste galopando, caballita,
en el mar.

## BUENAS NOCHES

Luna, cuídala.
Viento, arrulla sus sueños.
Nubes, llévenle un beso.

Que nuestra relación sea como el arte,
donde las palabras son incapaces de explicar.

El último beso me hizo pensar que duraría una eternidad.

Fuiste mi mar y yo el barco de papel.

Te escribiré poesía
me quieras o no.

# HOLOGRAMA

# AUTORRETRATO

¿Cuál será mi color?

Me acerco al espejo,
pero no me hallo.
La luz no me refleja
pero me toco
y tiemblo.
Me toco la cara con desesperación
y mis ramas se traban
en mi mandíbula
me muerdo.
¿Cuál será mi color?
Me pienso sensible como sus flores
me pienso fuerte como sus ramas
me pienso en rojo por los Cerezos.
¿Cuál será mi color?
No me refiero a un Cerezo,
pienso en mi interior.

Me vestí de gris
como reflejo de mis días nublados.

# IMAGINA

Así como el viento tiñe tus pulmones
también los libros te alimentan,
te hacen vivir,
c ® e A r,
lees sobre piratas
navegas
      entre
            letras
te

a
n
c
l
a
s

a un mundo
donde la fantasía
y la magia
viven
sin salirte de la realidad
cuando está en tu corazón.

Hay palabras que no se explican.
Después de tanto,
arrojamos el bolígrafo ahí,
donde lo único que podemos ver,
es la tinta regada del recuerdo.

Que no se nos haga tarde
para dibujar
esta pieza
[La vida].

# MI NOMBRE ES EL TUYO

Hola,
**mi nombre es** el tuyo

Cualquiera de nosotros
podemos encontrarnos
en la misma situación
que tú
que yo
que nosotros.

Vamos caminando
como casi siempre
al mismo lugar
que conocimos hace un tiempo
y si no ibas conmigo
te lo presento.
Ahí
nos hemos sentado a:      platicar
                         comer un croissant
                         tomar un café
                         llorar en soledad
                         escuchar sin querer
sin embargo
                         también podemos conocer
si tuviéramos confianza.
Es sorprendente que detrás
y frente a la barra
alguien nos podría caer bien.
Entregada a su trabajo

no me imagino
lo que estaría pensando de nosotros
que a veces
nos reímos fuerte.

*¿Qué estarán diciendo?*
*Se ve que la están pasando bien*
*Parecen enamoradas*
*¡Qué flores tan lindas le regaló!*
*¿Qué libro estará leyendo?*
*Está preocupada*
*Los agarró la lluvia*
*¿De dónde serán?*

Todo puede surgir durante el día
detrás de la barra,
con el pasar de nosotros.

Cuando me acerqué a entrevistarla
fue difícil,
aunque iba siempre
me resulta complicado acercarme a alguien
sólo para platicar.

No sé la razón,
pero el haberla conocido
en este lugar al que ya casi llegamos
me alegra mucho
pues
cuando cualquiera de nosotros vaya
nos sentiremos en confianza diciendo:
Hola, **mi nombre es** _____
el tuyo
¿Me darías un café?

Dejémonos llevar por la gravedad del espacio y

s
a
l
t
e
m
o
s

# BITÁCORA DE UNA FUNCIÓN

*Para mi maestra, amigas y amigos de*
LA POESÍA DE ENFRENTE

**Primera llamada**
7:00 de la mañana,
suena el despertador por costumbre
y me intento levantar para hacer la rutina.

7:05 (tic-toc, tic-toc)
   7:10 (tic----toc, tic----toc)
      7:15 (me levan-tic, pensan-toc)
9:00 de la mañana,
las siluetas corriendo por la avenida
no se dejaban enfocar para tener
un recuerdo claro de lo tardío.
9:05 de la mañana,
una llamada me pone en pausa
entre el desenfoque de Puebla
y las siluetas perdidas por Google Maps.
**Segunda Llamada**
Los claxon en slow reviviendo al Dalí
y el gigante del viento deshilando
las nubes para tejer el cielo.
The time plot en el camerino,
vuelan las letras chocando al espejo
mientras nos seguimos peinando.
¡Se va a dar primera!
Inhalo

69

¡Se va a dar segunda!
Exhaaaaaalo


### Tercera Llamada

La Poesía de Enfrente ¡Ahí estaba!
y yo, viendo a todo el público,
rompiendo la cuarta pared del imaginario,
reencarnando al Dalí del tiempo derretido,
atrapado en el cuerpo de un Quijote soñador.

Más allá de las alturas y los paisajes, me amé.

# ¿QUÉ SIGNIFICA SENTIR EL VIENTO?

I

Caminé siguiendo el canto
de lo que creí
era una llamada a la muerte
Arrastré las maletas
llenas de estaciones
por el jardín,
tirando
    secos
        recuerdos

Tus besos de espinas
escurrieron
sobre mis clavículas
que apenas sostenían
la
  última
     gota
de tu saliva, Diabla,
que alimenta colibríes,
mientras me respiras fría:
la muerte
Me abrazas fuego
Me cenizas vuelves

Espárceme en el viento
que he olvidado sentir

## II

Entre el tallo de púas
que sembraste en tu jardín
me deslicé serpiente
hasta llegar a tu rosa.

# DESHUESADERO

¿Escucharon?
Es el grito de los poetas rotos,
aquí venimos cuando nadie nos riega,
cuando no nos escuchan.
Una pared que pensamos
no atravesar en nuestro cuarto,
se convirtió en el portal
para este deshuesadero.
Desértico,
        en penumbras,
                lleno de niebla.
Por el día se nos rompen más los huesos
y por las noches nuestras almas van en pena,
arrastrando-se la pluma en tinta roja
que escurre del corazón.
Deambulamos aquí
porque nuestras letras
son sólo sombras
crujiendo de sed, evaporándose al olvido.
Vagamos aquí a ratos por hobby,
o aparecemos por costumbre
ahí donde alguien nos rompió los huesos
que enjaulaban el corazón.

*Para Marco Durán*
*por retratarme en este barco*

Retrátame ahí,
donde la tristeza de mi sombra
no se vea.

Seamos el arte que inspira a ser más sensibles,
                                        crudos
                        y fucking cabrones.

Soñé con escarabajos que se convertían en orquídeas.

Me gustaría volar un papalote en luna llena
y escuchar cantar murciélagos al despertar.

A veces creemos que por no abandonarnos,
no abandonamos…

a alguien.

Tuve hojas secas
tinta encharcada
y letras caídas
pero algo me faltó
para comenzar
                    (te) a escribir.

Que se nos manchen las sábanas
con la media luna de nuestro café
formada en el plato.

# TRES IMÁGENES CAMINO AL CIELO

## I

Acerqué mi pico
y en el tuyo
serví el grano de arroz
que reclamabas cantando.

## II

Las vi llegar
veloces
mientras sus plumas
caían
acentuando el filo
de la muerte.
Llegaron con las alas rotas.
Inmóviles
quedaron
entre los vidrios de la barda
las aves del sur.

## III

Cuerpos desamparados
cantaban hambrientos
desvié la mirada
y encontré el nido.
Desolados,
asomaban sus picos
por las plantas de la cocina.

Mi madre,
con estirarse un poco
les sirvió confianza
y con el tiempo
aprendieron a volar.

# ERA

Qué difícil
    cavar
    tres
    metros
    y hundirnos (sin pensar)
    en la humedad
    de eras
    pasadas.

# TRES NOCHES DE HYP-SOMNUS

*Hipnos – Dios Griego del sueño*
*Somnus – Dios Romano del sueño*

I

Tirado en la cama
estando consciente
mis sueños no se concluyen
Intentaré dormir
porque hoy
no tengo nada más que hacer
que esperar el sosiego

## II

El segundero no se frena,
comienzan a zumbar,
cuando mi corazón,
toque de queda,
se conviete en su alarma.
Escucho sus cañones zumbidos
me revientan el tímpano
el silencio.
Libero un brazo,
descubro las goteras
de una no pronosticada
                            lluvia
                            carmín.
Se me hinchan los poros,
se erizan los bellos.
Giro en el colchón,
y escurre el rojo mantel
escapando por debajo de la puerta
queriendo que lo persiga,
para huir del frío-corazón
que gobierna
la punta de mi almohada.

## III

Me siento en la orilla
y mis pies se hunden
en el charco de mi habitación
anhelando dormir.

La esencia que tenemos está diseñada para resistir,
así esté a una exhalación
de ahogarse.

# AGRADECIMIENTOS

A la poeta Fernanda Tlalolin, maestra y amiga, coordinadora de *La Poesía de Enfrente*. Por regarme de aprendizaje y confiar en este Cerezo al que le siguen creciendo sus raíces para fijarse a la tierra. Al poeta Alejandro von Düben, amigo que conocí en mi camino en la poesía y quien aceptó, como un pirata, navegar entre mis letras para hacer la cuarta de forros.

A mi mamá Eduarda M. y a mi papá Agustín C. porque desde que me sumergí en el mundo del arte siempre me han apoyado en cada paso que he dado, gracias por ser pilares en todos mis proyectos. Anteriormente sabían muy poco de que escribía poesía hasta que entre a *La Poesía de Enfrente* en donde hicimos un recital como fin de curso y les invité para que estuvieran con nosotros, ahí conocieron un poco más de lo que he escrito hasta el momento.

A mis mejores amigas y amigos: Ximena Salazar, Viridiana Luna, Angélica Ponce, Ariadna Luna, Hugo Nazareth, Marco Antonio Silva, Ángel Meléndez y Omar Alonso. Quienes se subieron al barco para interpretar cada poema que escogieron y traducirlo en ilustración. Me siento muy afortunado de que sean mis amigas/os, porque además de ser talentosas/os artistas, son seres sensibles que traducen el arte en mil formas. Gracias por su gran trabajo y dedicación. Pronto podrán ver el resultado de este proyecto.

A mis mejores amigos Carlos L., Marco Durán e Issay J. Carreón, por siempre apoyarme y escuchar cada vez que tengo dudas, gracias por su palabra honesta, sin filtros y amistad sincera.

Por último, quiero agradecer a ti que estas leyendo este poemario, en donde a través de cada rama de mis versos y poemas, escuchas esa voz que ha sido difícil traducir, que hizo eco en mi interior desde hace mucho para ser escrita, esperando ser sentida y escuchada por cada una/o de ustedes, que ahora, escuchan mi alma.

| Barco | de | Papel | Barco | de | Papel | Barco | de | Papel | Barco | de | Papel |
|---|---|---|---|---|---|---|---|---|---|---|---|
| Barco | de | Papel | Barco | de | Papel | Barco | de | Papel | Barco | de | Papel |
| Barco | de | Papel | Barco | de | Papel | Barco | de | Papel | Barco | de | Papel |
| Barco | de | Papel | Barco | de | Papel | Barco | de | Papel | Barco | de | Papel |
| Barco | de | Papel | Barco | de | Papel | Barco | de | Papel | Barco | de | Papel |
| Barco | de | Papel | Barco | de | Papel | Barco | de | Papel | Barco | de | Papel |
| Barco | de | Papel | Barco | de | Papel | Barco | de | Papel | Barco | de | Papel |
| Barco | de | Papel | Barco | de | Papel | Barco | de | Papel | Barco | de | Papel |
| Barco | de | Papel | Barco | de | Papel | Barco | de | Papel | Barco | de | Papel |
| Barco | de | Papel | Barco | de | Papel | Barco | de | Papel | Barco | de | Papel |
| Barco | de | Papel | Barco | de | Papel | Barco | de | Papel | Barco | de | Papel |
| Barco | de | Papel | Barco | de | Papel | Barco | de | Papel | Barco | de | Papel |
| Barco | de | Papel | Barco | de | Papel | Barco | de | Papel | Barco | de | Papel |
| Barco | de | Papel | | | | | | | Barco | de | Papel |

Recorta estas hojas para que realices
tu propio barco de papel y puedas
zarpar junto a mí.

| Barco | de | Papel | | | | | | | Barco | de | Papel |
|---|---|---|---|---|---|---|---|---|---|---|---|
| Barco | de | Papel | | | | | | | Barco | de | Papel |
| Barco | de | Papel | | | | | | | Barco | de | Papel |
| Barco | de | Papel | Barco | de | Papel | Barco | de | Papel | Barco | de | Papel |
| Barco | de | Papel | Barco | de | Papel | Barco | de | Papel | Barco | de | Papel |
| Barco | de | Papel | Barco | de | Papel | Barco | de | Papel | Barco | de | Papel |
| Barco | de | Papel | Barco | de | Papel | Barco | de | Papel | Barco | de | Papel |
| Barco | de | Papel | Barco | de | Papel | Barco | de | Papel | Barco | de | Papel |
| Barco | de | Papel | Barco | de | Papel | Barco | de | Papel | Barco | de | Papel |
| Barco | de | Papel | Barco | de | Papel | Barco | de | Papel | Barco | de | Papel |
| Barco | de | Papel | Barco | de | Papel | Barco | de | Papel | Barco | de | Papel |
| Barco | de | Papel | Barco | de | Papel | Barco | de | Papel | Barco | de | Papel |
| Barco | de | Papel | Barco | de | Papel | Barco | de | Papel | Barco | de | Papel |
| Barco | de | Papel | Barco | de | Papel | Barco | de | Papel | Barco | de | Papel |
| Barco | de | Papel | Barco | de | Papel | Barco | de | Papel | Barco | de | Papel |
| Barco | de | Papel | Barco | de | Papel | Barco | de | Papel | Barco | de | Papel |
| Barco | de | Papel | Barco | de | Papel | Barco | de | Papel | Barco | de | Papel |
| Barco | de | Papel | Barco | de | Papel | Barco | de | Papel | Barco | de | Papel |
| Barco | de | Papel | Barco | de | Papel | Barco | de | Papel | Barco | de | Papel |

| Barco | de | Papel | Barco | de | Papel | Barco | de | Papel | Barco | de | Papel |
| Barco | de | Papel | Barco | de | Papel | Barco | de | Papel | Barco | de | Papel |
| Barco | de | Papel | Barco | de | Papel | Barco | de | Papel | Barco | de | Papel |
| Barco | de | Papel | Barco | de | Papel | Barco | de | Papel | Barco | de | Papel |
| Barco | de | Papel | Barco | de | Papel | Barco | de | Papel | Barco | de | Papel |
| Barco | de | Papel | Barco | de | Papel | Barco | de | Papel | Barco | de | Papel |
| Barco | de | Papel | Barco | de | Papel | Barco | de | Papel | Barco | de | Papel |
| Barco | de | Papel | Barco | de | Papel | Barco | de | Papel | Barco | de | Papel |
| Barco | de | Papel | Barco | de | Papel | Barco | de | Papel | Barco | de | Papel |
| Barco | de | Papel | Barco | de | Papel | Barco | de | Papel | Barco | de | Papel |
| Barco | de | Papel | Barco | de | Papel | Barco | de | Papel | Barco | de | Papel |
| Barco | de | Papel | Barco | de | Papel | Barco | de | Papel | Barco | de | Papel |
| Barco | de | Pape. |  |  |  |  |  | el | Barco | de | Papel |
| Barco | de | Pape. | *Recorta estas hojas para que realices* | | | | | el | Barco | de | Papel |
| Barco | de | Pape. | *tu propio barco de papel y puedas* | | | | | el | Barco | de | Papel |
| Barco | de | Pape. | *zarpar junto a mí.* | | | | | el | Barco | de | Papel |
| Barco | de | Pape. |  |  |  |  |  | el | Barco | de | Papel |
| Barco | de | Papel | Barco | de | Papel | Barco | de | Papel | Barco | de | Papel |
| Barco | de | Papel | Barco | de | Papel | Barco | de | Papel | Barco | de | Papel |
| Barco | de | Papel | Barco | de | Papel | Barco | de | Papel | Barco | de | Papel |
| Barco | de | Papel | Barco | de | Papel | Barco | de | Papel | Barco | de | Papel |
| Barco | de | Papel | Barco | de | Papel | Barco | de | Papel | Barco | de | Papel |
| Barco | de | Papel | Barco | de | Papel | Barco | de | Papel | Barco | de | Papel |
| Barco | de | Papel | Barco | de | Papel | Barco | de | Papel | Barco | de | Papel |
| Barco | de | Papel | Barco | de | Papel | Barco | de | Papel | Barco | de | Papel |
| Barco | de | Papel | Barco | de | Papel | Barco | de | Papel | Barco | de | Papel |
| Barco | de | Papel | Barco | de | Papel | Barco | de | Papel | Barco | de | Papel |
| Barco | de | Papel | Barco | de | Papel | Barco | de | Papel | Barco | de | Papel |
| Barco | de | Papel | Barco | de | Papel | Barco | de | Papel | Barco | de | Papel |
| Barco | de | Papel | Barco | de | Papel | Barco | de | Papel | Barco | de | Papel |
| Barco | de | Papel | Barco | de | Papel | Barco | de | Papel | Barco | de | Papel |
| Barco | de | Papel | Barco | de | Papel | Barco | de | Papel | Barco | de | Papel |
| Barco | de | Papel | Barco | de | Papel | Barco | de | Papel | Barco | de | Papel |
| Barco | de | Papel | Barco | de | Papel | Barco | de | Papel | Barco | de | Papel |

Barco de Papel Barco de Papel Barco de Papel Barco de Papel
Barco de Papel Barco de Papel Barco de Papel Barco de Papel
Barco de Papel Barco de Papel Barco de Papel Barco de Papel
Barco de Papel Barco de Papel Barco de Papel Barco de Papel
Barco de Papel Barco de Papel Barco de Papel Barco de Papel
Barco de Papel Barco de Papel Barco de Papel Barco de Papel
Barco de Papel Barco de Papel Barco de Papel Barco de Papel
Barco de Papel Barco de Papel Barco de Papel Barco de Papel
Barco de Papel Barco de Papel Barco de Papel Barco de Papel
Barco de Papel Barco de Papel Barco de Papel Barco de Papel
Barco de Papel Barco de Papel Barco de Papel Barco de Papel
Barco de Papel Barco de Papel Barco de Papel Barco de Papel
Barco de Papel Barco de Papel Barco de Papel Barco de Papel
Barco de Papel Barco de Papel

*Recorta estas hojas para que realices* Barco de Papel
*tu propio barco de papel y puedas* Barco de Papel
*zarpar junto a mí.* Barco de Papel

Barco de Papel Barco de Papel
Barco de Papel Barco de Papel Barco de Papel Barco de Papel
Barco de Papel Barco de Papel Barco de Papel Barco de Papel
Barco de Papel Barco de Papel Barco de Papel Barco de Papel
Barco de Papel Barco de Papel Barco de Papel Barco de Papel
Barco de Papel Barco de Papel Barco de Papel Barco de Papel
Barco de Papel Barco de Papel Barco de Papel Barco de Papel
Barco de Papel Barco de Papel Barco de Papel Barco de Papel
Barco de Papel Barco de Papel Barco de Papel Barco de Papel
Barco de Papel Barco de Papel Barco de Papel Barco de Papel
Barco de Papel Barco de Papel Barco de Papel Barco de Papel
Barco de Papel Barco de Papel Barco de Papel Barco de Papel
Barco de Papel Barco de Papel Barco de Papel Barco de Papel
Barco de Papel Barco de Papel Barco de Papel Barco de Papel
Barco de Papel Barco de Papel Barco de Papel Barco de Papel
Barco de Papel Barco de Papel Barco de Papel Barco de Papel
Barco de Papel Barco de Papel Barco de Papel Barco de Papel
Barco de Papel Barco de Papel Barco de Papel Barco de Papel

Barco de Papel Barco de Papel Barco de Papel Barco de Papel
Barco de Papel Barco de Papel Barco de Papel Barco de Papel
Barco de Papel Barco de Papel Barco de Papel Barco de Papel
Barco de Papel Barco de Papel Barco de Papel Barco de Papel
Barco de Papel Barco de Papel Barco de Papel Barco de Papel
Barco de Papel Barco de Papel Barco de Papel Barco de Papel
Barco de Papel Barco de Papel Barco de Papel Barco de Papel
Barco de Papel Barco de Papel Barco de Papel Barco de Papel
Barco de Papel Barco de Papel Barco de Papel Barco de Papel
Barco de Papel Barco de Papel Barco de Papel Barco de Papel
Barco de Papel Barco de Papel Barco de Papel Barco de Papel
Barco de Papel Barco de Papel Barco de Papel Barco de Papel
Barco de Papel Barco de Papel Barco de Papel Barco de Papel
Barco de Pape. el Barco de Papel

**Recorta estas hojas para que realices** el Barco de Papel
**tu propio barco de papel y puedas** el Barco de Papel
**zarpar junto a mí.** el Barco de Papel

Barco de Pape. el Barco de Papel
Barco de Papel Barco de Papel Barco de Papel Barco de Papel
Barco de Papel Barco de Papel Barco de Papel Barco de Papel
Barco de Papel Barco de Papel Barco de Papel Barco de Papel
Barco de Papel Barco de Papel Barco de Papel Barco de Papel
Barco de Papel Barco de Papel Barco de Papel Barco de Papel
Barco de Papel Barco de Papel Barco de Papel Barco de Papel
Barco de Papel Barco de Papel Barco de Papel Barco de Papel
Barco de Papel Barco de Papel Barco de Papel Barco de Papel
Barco de Papel Barco de Papel Barco de Papel Barco de Papel
Barco de Papel Barco de Papel Barco de Papel Barco de Papel
Barco de Papel Barco de Papel Barco de Papel Barco de Papel
Barco de Papel Barco de Papel Barco de Papel Barco de Papel
Barco de Papel Barco de Papel Barco de Papel Barco de Papel
Barco de Papel Barco de Papel Barco de Papel Barco de Papel
Barco de Papel Barco de Papel Barco de Papel Barco de Papel
Barco de Papel Barco de Papel Barco de Papel Barco de Papel

# ÍNDICE

*Prólogo* ............ 9

LÍRICA DE UN CEREZO
*Instrucciones para leer un cerezo* ...... 13

BARCO DE PAPEL
*Barco de papel* ...... 17
*Bucanero* ...... 18
*Scheherezada* ...... 20
*Caminante* ...... 21
*Brindis* ...... 23

DÉJÀ VU
*Anhelo de ti* ...... 27
*«Entre comillas»* ...... 28
*Fogata* ...... 29
*Interviú* ...... 30
*Casi algo* ...... 31
*Monocromático* ...... 32
*Te estoy llamando* ...... 33
*El mismo asiento* ...... 35
*Evocación* ...... 37
*Reset(a)-mor* ...... 38
*¿Qué eran las cosas correctas?* ...... 39
*Quedito* ...... 41
*Jardín* ...... 42
*«Porque caí, como una piedra en el agua»* ...... 43
*Momentos* ...... 44

*Pos(t)-mortem* ............................................................ 45

*Candumbria\** ............................................................ 46

*Bodegón* ............................................................ 47

*Jaque mate* ............................................................ 48

*Motel-82* ............................................................ 49

*Génesis* ............................................................ 50

*Caballita* ............................................................ 53

*Buenas noches* ............................................................ 54

HOLOGRAMA

*Autorretrato* ............................................................ 61

*Imagina* ............................................................ 63

*Mi nombre es el tuyo* ............................................................ 66

*Bitácora de una función* ............................................................ 69

*¿Qué significa sentir el viento?* ............................................................ 72

*Deshuesadero* ............................................................ 74

*Tres imágenes camino al cielo* ............................................................ 82

*Era* ............................................................ 85

*Tres noches de hyp-somnus* ............................................................ 86

*Agradecimientos* ............................................................ 91